AF247951

HONNEUR AUX MILITAIRES,

OU

EXAMEN IMPARTIAL DE CETTE QUESTION:

BUONAPARTE EST-IL UN HÉROS?

PAR A. L. LEDRUT.

> Le masque tombe, l'homme reste,
> Et le héros s'évanouit.
> (J.-B. ROUSSEAU.)

A PARIS,

CHEZ LES MARCHANDS DE NOUVEAUTÉS.

DE L'IMPRIMERIE DE L. G. MICHAUD,

IMPRIMEUR DU ROI,

RUE DES BONS-ENFANTS, n°. 34.

JUIN 1814.

HONNEUR

AUX MILITAIRES,

OU

EXAMEN IMPARTIAL DE CETTE QUESTION:

BUONAPARTE EST-IL UN HÉROS?

Au nom de Buonaparte, on s'arrête encore, on est partagé d'opinions, on pousserait presque l'esprit de parti jusqu'à se quereller, et quelquefois en venir à des ruptures ouvertes, à des divisions interminables. J'ai vu des amis désunis, des frères brouillés, des ménages troublés pour la cause de ce guerrier, non moins célèbre par ses revers éclatants, que par ses nombreux et rapides succès. J'ai vu la France dans l'admiration et le délire au bruit de ses victoires; j'ai vu les orateurs, les poètes, les publicistes, l'élever jusqu'aux

nues ; et , à l'exception d'un très petit
nombre d'écrivains, dont le courageux dévouement était comprimé, je ne dis pas par
la frayeur qu'inspirait sa monstrueuse et colossale autorité, mais plutôt par le despotisme arbitraire des tyrans subalternes qui
l'entouraient ; à l'exception, dis-je, de ce
très petit nombre, ce sont les mêmes aujour-
d'hui, qui sont les plus acharnés à le déni-
grer, et qui croient faire oublier, par leurs
vociférations lâches et intéressées, les éloges
dégoûtants dont ils l'ont fatigué pendant son
règne, ou, pour mieux dire, son usurpation.

J'ai vu le sénat en corps, séduit peut-être
par les rodomontades et l'influence de ce
puissant aventurier, lui décerner, à l'unani-
mité, les compliments les plus flatteurs, les
éloges les plus pompeux, les remercîments
les moins mérités ; j'ai vu le sénat le pro-
clamer Consul, Empereur, Père de la patrie, Pacificateur de l'Europe, Restaurateur
de la religion ; et j'ai vu ce même sénat (1)

---

(1) On voit assez que ce sont toujours les mêmes person-
nes qui ont mené, depuis vingt-cinq ans , et les clubs, et
les assemblées soi-disant populaires, et la convention, et le
sénat lui-même, paralysé par l'influence de ces malheureux

le frapper, quand il était déjà écrasé par l'opinion publique, et le punir ainsi d'avoir suivi leurs conseils, ou du moins écouté la voix astucieuse de quelques orateurs, qui, par leurs flagorneries, l'enhardissaient chaque jour à empiéter sur la constitution qu'ils avaient fabriquée, à se jouer même de la dignité *sénatoriale*, et à tenter des projets qu'il n'aurait jamais eu l'audace de concevoir, s'il n'y avait été encouragé par leur consentement tacite ou exprimé dans leurs harangues complimenteuses.

J'ai vu tout cela, et je n'ai jamais partagé un seul instant ni l'engouement populaire, ni l'enthousiasme national, ni l'admiration et la reconnaissance publiques, qui retentissaient dans toutes les gazettes. Je suis resté, sinon calme, du moins insensible contemplateur d'une fausse grandeur qui ne m'a jamais ébloui, et de ces adulations vénales qui, partant de la bouche des mêmes hommes qui avaient proscrit les rois et les partisans de la royauté, n'excitaient dans mon ame d'autre sentiment que celui d'une profonde indignation qui n'attendait que le moment d'éclater par la voie de l'impression, comme je n'ai cessé de la manifester en tout temps et en tous lieux dans la conversation ; et si l'*aimable et bienfaisante* révolution ne m'avait totalement ruiné dans la personne de mon père, par le renversement de sa petite fortune, et dans la mienne par la perte de mes espérances, j'aurais bravé les fers et la mort même, pour publier mes opinions et chercher à remuer l'esprit public, autant qu'un particulier peut espérer de le faire. Mais il fallait de l'or, et je n'en avais pas : car ceux qui vous demandent hypocritement pourquoi l'on n'écrivait pas contre Buonaparte, sous son regne oppresseur, ces rusés sectateurs d'un aventurier qui s'est lui-même rendu justice en se réduisant à la nullité, n'ignorent pas qu'un écrivain ne trouvait pas alors un imprimeur qui voulût hasarder son état, sa liberté, peut-être même sa vie, pour l'aider à communiquer au public les idées libérales d'une ame ennemie de la tyrannie. Qu'on s'en prenne donc, encore une fois, à la commission sénatoriale de la liberté de la presse, et à cette direction générale de l'imprimerie, si heureusement régénérée par la nomination à cette place, du vertueux, du ferme, de l'ardent, de l'incorruptible ami de la royauté et des Bourbons,

M. Royer-Colard, qui, dans les temps les plus orageux, s'est toujours montré partisan de l'ordre, défenseur de la religion, et ennemi des tyrans révolutionnaires de tous les temps et de tous les gouvernements, depuis 1789 jusqu'en mars 1814.

Buonaparte est-il un *héros?* Voilà le point de controverse qui agite encore tous les esprits aujourd'hui. Ceux qui, par suite d'un aveuglement funeste, n'ont vu que le beau côté de la médaille, sont pour l'affirmative; ceux qui, par un aveuglement en sens contraire, ne jugent les hommes que sur leurs succès, sont pour la négative. D'autres (et ce sont les plus méprisables), qui passent toujours du côté du plus fort, et qu'on voit dans tous les temps se ranger sous les bannières du parti dominant, l'ont proclamé, il y a deux mois, le héros, l'homme incomparable; ils l'ont mis au - dessus des Cyrus, des Alexandre, des César, des Achille, et le foulent aujourd'hui à leurs pieds, parce qu'il n'est plus en état de faire ni bien ni mal; ils n'ont pas honte de vilipender indignement un homme qui peut-être fut leur bienfaiteur et leur patron, et qu'ils seraient tout prêts à encenser bassement de nouveau, si nous étions assez malheureux (*Dü! tale omen avertite !*) pour qu'il vînt encore allumer par sa présence le feu d'une guerre civile, qui achèverait de consommer la dépopulation de notre belle patrie.

Quelques autres enfin (et ceux-ci je les trouve excusables), lui devaient leurs places, leur fortune, leur rang, peut-être leur bonheur; et, accoutumés à ne voir en lui qu'un grand homme et un protecteur, n'ont pas cru que ses malheurs dussent rien diminuer de son mérite à leurs yeux, et le regardent encore comme un héros. Peut-être même l'économie qu'on va se trouver forcé de mettre dans les finances; la réforme presque indispensable que le gouvernement sera contraint de faire dans les bureaux, les prive en partie des bienfaits de leur patron, et c'est pour eux une raison de le regretter, qui les porte naturellement à continuer leur admiration à celui qui fut l'artisan de leur fortune.

Sont-ils blâmables? Que celui qui se sent assez de force d'ame, assez de stoïcisme pour se voir précipité tout d'un coup du faîte du bonheur dans un abîme de maux et d'inquiétudes, leur jette la première pierre; que celui qui a l'ame assez basse, le cœur assez dur, l'esprit assez faux pour traiter la reconnaissance de chimère et de sottise, et pour consacrer l'ingratitude comme le seul moyen de ne jamais partager la mauvaise fortune d'un bienfaiteur, ose les condamner : pour moi qui suis homme, et comme tel, sujet à toutes les faiblesses comme à toutes les sensations de l'espèce humaine, je les absous, et ne suis pas éloigné de les approuver en quelque sorte, lorsqu'ils se bornent aux regrets et à l'admiration, sans s'écarter du respect, de la soumission et de l'inviolable attachement que tous les Français doivent aux princes légitimes dont le retour a fait briller dans tous les cœurs cet espoir consolateur d'une paix générale et salutaire qui va cicatriser les plaies profondes que vingt années de guerre avaient faites à la France et à l'Europe entière.

Mais il est une classe plus généralement enthousiaste de la gloire militaire, plus disposée à se laisser enflammer par le récit de quelques exploits glorieux, de quelques campagnes brillantes, et pour qui une victoire bien meurtrière est un titre à l'immortalité, et la prise d'une forteresse, un brevet d'héroïsme. Ce sont les militaires eux-mêmes ; et c'est à eux que cet écrit est adressé principalement, c'est pour eux qu'il a été rédigé.

Je ne suis pas militaire, mais j'ai vécu long-temps parmi eux, et j'en ai conservé la noble franchise : j'ai retrouvé en eux, dans les temps de troubles et de factions, les restes des vertus françaises que les misérables anarchistes avaient exilées de l'intérieur. L'honneur, la loyauté, la bonne foi, la délicatesse semblaient s'être réfugiés aux armées. J'y ai trouvé de bons amis et de braves gens qui, gémissant de n'avoir pas de point central où ils pussent se rallier pour servir véritablement la bonne cause, en soutenant l'honneur de la patrie, allaient chercher dans les combats la gloire ou la mort, tandis qu'on proscrivait, en France, leurs parents consternés et glacés par la terreur.

C'est au milieu des armées, c'est dans les camps, que le nom de *Buonaparte* a retenti le plus souvent ; et les militaires, accoutumés depuis près de vingt ans à le voir commander nos phalanges, à combattre, à vaincre sous lui, ont pris de cet étranger une opinion beaucoup trop favorable, et leur modestie leur a persuadé que c'était à lui seul

qu'ils devaient les succès éclatants qui les
ont couverts de gloire.

On ne m'accusera pas d'être l'ami ni le
partisan de *Buonaparte* (1); je ne l'ai jamais

(1) Néanmoins certain soi-disant homme de loi, dans un
écrit intitulé : Réponse à M. A. L. Led..., signé C. L. ou
C. R. (car sa modestie lui fait changer d'initiale à la fin de
son écrit, dans la crainte, vraisemblablement, d'être pour-
suivi par l'admiration publique); ce savant juriste donc,
qui a la vue fort longue et le discernement fin et délicat,
a découvert dans mon *Buonaparte justifié*, que j'étais sa-
larié par cet usurpateur; et, voulant faire le plaisant dans
son écrit, qui prend, entre ses mains savantes, la forme d'une
lettre , il le termine par me demander excuse d'avoir fait
cette découverte, d'avoir éclairé le public sur mes véritables
sentiments, et enfin d'avoir accusé ma gratitude à l'égard
de *Buonaparte. Notre homme de loi* est sans doute le seul
de mes lecteurs qui ait eu autant de sagacité : car, en fait
d'hommes aussi clairvoyants : *Apparent rari nantes*. Il ne
s'attend pas sans doute que je perde mon temps à réfuter
son écrit : car je suis peut-être le seul qui ait eu le courage
de le lire jusqu'à la fin. Mais je rends justice à ses intentions ;
le bonhomme a voulu écrire, à quelque prix que ce fût ;
le titre de mon écrit l'a scandalisé, il l'a lu comme lirait un
un enfant de quatre ans, ou plutôt il ne l'a pas compris : il n'y
a pas de crime à cela; ses intentions sont bonnes : il a voulu
faire le petit mutin , il s'est gendarmé contre les *éloges pompeux* qu'il a eu le talent de découvrir dans mon *Buonaparte
justifié. Cette justification* l'a échauffé, et le grand réparateur
des torts et des travers a pris sa rondache et sa lance, et, le

assez estimé pour proférer une seule fois son éloge, tant qu'il a été revêtu de la souveraine autorité. Je ne crains pas même de l'avouer, j'ai peut-être été injuste à son égard : car, dans la crainte de contribuer par ma faible voix à ajouter le moindre fleuron à la couronne brillante que lui tressaient à l'envi ses flatteurs à gages, je n'ai jamais voulu convenir en public du peu de qualités qu'on vantait en lui, parce qu'elles me paraissaient une trop faible compensation de cette ambition démesurée, de cette rage de guerroyer,

---

casque en tête, m'a jeté le gant de défi. Je ne le ramasserai pas, illustre chevalier de la Manche ! je n'ai pas l'humeur chicaneuse comme vous ; et pour vous prouver combien je suis pacifique, au lieu de répliquer à ce que vous prenez pour une réponse, je me contenterai de vous donner deux avis bien désintéressés.

Le premier est de ne jamais vous hasarder à répondre à un écrit que vous n'aurez pas compris, et de croire qu'on ne se laisse pas éblouir par quelques mots de latin mal appliqués qu'il vous plaira de copier dans *Juvénal* ou tout autre écrivain de l'ancienne Rome, dont vous aurez défiguré les nobles et brillantes pensées.

Le second est, quand vous voudrez faire le plaisant et employer l'ironie, de lire préalablement, et avec attention, la fable de l'âne et du petit chien.

Vous éviterez par là de vous enfoncer dans un labyrinthe inextricable, dont vos lecteurs ne pourraient ni vous tirer, ni se tirer eux-mêmes.

qui perpétuaient si cruellement l'asservissement de la France et la dépopulation du
monde entier.

Mais aujourd'hui qu'il est abattu, ter-
rassé, moins encore par la force colossale à
laquelle il paraît avoir cédé, que par la main
invisible du Dieu puissant qu'il méprisait et
insultait au fond de son cœur, je ne vien-
drai pas lâchement donner le coup de grâce
à un homme contre lequel se réunissent tant
de circonstances impérieuses et difficiles ;
j'oserai écrire, comme j'ai osé le dire tout
haut *quand on ne pouvait écrire*, qu'il a eu
de grands torts, qu'il a commis de grandes
fautes, de grands crimes même, qui ternis-
sent l'éclat de cette gloire dont il eût pu se
couvrir, si, après avoir fixé la victoire à son
char par la bravoure des généreux Français
qui prodiguaient leur sang pour la patrie,
tandis qu'il n'en répandait les flots que pour
assouvir son ambition effrénée ; si, dis-je, il
avait su prendre cet esprit de modération et
de grandeur qui convient aux héros, et si,
déposant le sceptre et la couronne des Henri
IV, des S. Louis, des Louis XIV, il eût
remis l'autorité souveraine à leurs dignes hé-
ritiers, content d'être sous eux investi de la

reconnaissance nationale , de l'estime de son roi et de l'amour de tous les bons Français.

Est-on héros pour avoir versé des torrents de sang , porté le fer et la flamme dans toutes les parties du globe , et fait trembler la terre au seul bruit de son nom ? Tamerlan fut aussi un héros. Gengis-Kan, ce farouche Tartare , a mérité ce titre. Mahomet lui-même , ce terrible Mahomet, a conquis, par la cruauté, le nom que l'on réclame aujourd'hui pour *Buonaparte* , mais dont il est moins digne que la plupart des maréchaux et officiers qui l'ont secondé dans la victoire, et qui ne l'ont imité, ni dans son ambition démesurée, ni dans ses projets insensés , ni dans ses injustes et cruelles vengeances.

Aujourd'hui que *Buonaparte* n'est plus qu'un particulier malheureux, un homme sans pouvoir , abandonné de ses lâches flatteurs, je rendrai justice à ses talents et à son mérite, et à ce qu'il peut avoir fait de grand et d'utile, sans approuver ni le parti qu'il en a tiré , ni la manière dont il a fait tourner à la honte et au malheur du peuple, comme à la ruine de son autorité gigantesque, quelques qualités dont la nature l'avait doué, et dont il aurait pu tirer un parti plus noble et plus avantageux pour le peuple et pour lui.

Qui veut trop prouver ne prouve rien ; c'est un axiome reconnu et qui n'a pas besoin d'être établi par de nouveaux raisonnements : or, à qui mieux qu'à nous conviendrait-il de le mettre en pratique et de le prendre pour régulateur des jugements que nous portons aujourd'hui sur *Buonaparte* ? En effet, si, peu contents de lui reprocher tous les torts, tous les crimes dont l'Europe entière l'accuse, nous voulons encore le vilipender au point de lui refuser quelques talents et quelques qualités guerrières, n'est-ce pas une tache ineffaçable que nous imprimons au nom Français ? et les généreux militaires qui se sont si long-temps couverts de gloire sous ses drapeaux et à ses côtés, n'auraient-ils pas en quelque sorte le droit de s'offenser de ce qu'on refuse jusqu'à l'apparence de talents à un homme qu'ils ont si long-temps pris pour guide ? Soyons donc conséquents avec nous-mêmes ; n'insultons pas, par un acharnement ridicule, aux braves qui ont défendu l'honneur français ; convenons avec eux que leur chef avait quelque étincelle de génie, quelque germe de talent. Mais éclairons l'armée sur le peu de solidité qu'il avait dans l'esprit, sur son impéritie dans ce qui caractérise spécialement le grand général, sur son opiniâtreté dangereuse, sur ses erreurs, sur ses crimes; et prouvons à l'Europe désenchantée, qu'elle a été éblouie par un prestige fantastique, plutôt que par l'éclat d'une gloire solide, et par des apparences brillantes, beaucoup plus que par un mérite réel : nous aurons alors mis l'Europe, la France et l'armée française à couvert de la honte qui rejaillirait infailliblement sur elle, d'un aveuglement funeste et si long-temps prolongé, qui n'aurait pas eu même les dehors pour excuse.

On ne lui refusera pas une activité infatigable, si nécessaire au guerrier, un génie ardent capable de grandes choses, s'il se fût porté au bien, et s'il eût su goûter les projets vraiment grands, vraiment beaux; un discernement judicieux qui lui faisait distinguer le mérite militaire dans tous les rangs, dans toutes les armes; un coup-d'œil rapide et pénétrant qui lui faisait saisir toutes les occasions de profiter de la victoire qu'il devait à ses braves armées. Mais par combien de taches il a terni l'éclat de ces dons brillants de la nature! Quel usage en a-t-il fait? Comment a-t-il récompensé les services signalés qu'il avait reçus de tous ces braves, l'honneur du nom français, qui avaient fait beaucoup sans lui, et sans lesquels il n'a rien fait ?

Intrépides guerriers, si la modestie ne vous permet pas de faire vous-mêmes votre apologie, nous avons appris à vous apprécier. Qu'aurait fait *Buonaparte*, sans les *Suchet*, les *Ney*, les *Macdonald*, les *Grouchy*, les *Marmont*, les *Augereau*, les *Moncey*, les *Berthier*, et tant d'autres maréchaux ou officiers généraux, qui ont payé de leur sang les funestes trophées érigés à la gloire d'un seul, quand les dangers avaient été communs à tous, et qu'ils avaient des titres sacrés pour revendiquer leur part dans sa gloire militaire ?

L'estimable *Macdonald* n'avait-il pas déjà rendu son nom immortel, quand on savait à peine qu'il existait un Buonaparte ? Le brave *Suchet* a-t-il eu besoin de lui pour réparer ou couvrir les grandes fautes commises par cet ambitieux forcené dans sa guerre d'Espagne, et pour conserver intact l'honneur français, dans un pays qui devait être leur tombeau, par l'indignation générale qu'y

2

avaient excitée l'ambition d'un seul homme
et les voies perfides employées pour la sa-
tisfaire?

Valeureux *Berthier*, habile tacticien,
qu'eût pu faire sans vous *Buonaparte*, vous
qui étiez l'ame de son conseil, vous à qui
a dû une grande partie de ses succès, et
à qui il aurait dû son salut encore et son af-
fermissement sur le trône, malgré son usurpation, s'il eût suivi, dans la campagne de
Russie, les sages avis que vous lui donniez
pour précipiter sa retraite avant que l'in-
tempérie des saisons et l'inclémence de l'air
la rendissent impraticable?

Mais il a été votre compagnon d'armes
il était votre chef, et comme tel, vous étiez
forcé d'avoir pour ses avis, pour ses projets
je dirai même pour ses folles entreprises
une certaine déférence que vous ne pouvez
aujourd'hui concevoir, ni cependant ré-
tracter entièrement. Hommages vous soient
rendus, généreux guerriers! Vous avez servi
la patrie dans tous les temps, et vous avez
prouvé, par votre obéissance aveugle, à des
gouvernants qui ne méritaient pas de vous
donner des ordres, ce que vous seriez capa-
bles de faire un jour, quand les Français
réunis sous les mêmes étendards, sous les

lis majestueux, n'auraient plus qu'un cœur, qu'une ame, qu'une volonté; et votre conduite franche et loyale dans les temps les plus orageux et les plus critiques, est un gage assuré de la sincérité de votre attachement à la cause du souverain légitime, et de votre ardeur à défendre l'illustre famille des *Bourbons* contre les intrigants et les méchants, s'il en était encore qui osassent menacer le trône et la tranquillité du royaume.

Illustres soutiens de l'honneur français, vous étiez dignes de combattre sous les mêmes drapeaux avec les généreux défenseurs de l'autel et du trône. Vos cœurs avides de gloire étaient faits pour s'entendre avec les *Condé*, les *Bourbon*, les *d'Enghien*, les *Langeron*, les *Saint-Priest*, et autres chevaliers français armés pour la cause des rois, si des méchants, en égarant vos esprits, n'avaient abusé, dans tous les temps, du prétexte spécieux de la liberté, et des noms sacrés d'honneur et d'amour de la patrie, pour exciter votre ardeur belliqueuse contre des héros victimes des convulsions révolutionnaires, et du prestige délirant d'un peuple fanatisé par de soi-disant républicains, et vous faire briguer le cruel honneur de tremper vos mains dans le sang de vos concitoyens, et de plonger votre épée dans le sein de ces nobles guerriers dont vous étiez dignes d'être les frères, et dont les armes n'étaient dirigées que contre les anarchistes, les usurpateurs et les ennemis de Dieu, du peuple et des rois. Une douce lumière s'est insinuée dans vos cœurs; la paix et la concorde sont venues vous éclairer; vous vous êtes rapprochés, et vous n'avez plus aujourd'hui qu'une bannière sur laquelle on lit cette devise : *Les Français réunis pour le soutien du trône, de l'autel, et de l'honneur français.*

L'héroïsme ne consiste pas seulement dans un courage bouillant et une audace aveugle, mais dans un sage discernement, dans un dévouement généreux et éclairé; et vous en avez donné plus d'une fois des preuves, lors même que *Buonaparte* s'écartait de ce caractère de *héros* que je viens de tracer, par ces prétentions excessives et ses projets dévastateurs.

Et cette vieille garde, qui l'a suivi dans les sables brûlants de l'Égypte et dans les glaces du Nord; cette vieille garde, qui sous son règne a franchi les Alpes, les Pyrénées, les mers même, et toujours avec la même intrépidité; cette vieille garde, encore étince-

lutte de gloire, se croit obligée de lui décerner le titre de *héros*. Il avait su électri-
ser ces intrépides guerriers, et exciter
dans leurs rangs ces nobles frémissements
du désir de la gloire, dont les Français
sont si naturellement avides ; et, ne sa-
chant que vaincre ou mourir, ils n'ont pas
réfléchi qu'ils étaient les enfants d'une patrie qu'il fallait conserver ; que les campagnes qu'ils avaient quittées pour courir
au champ d'honneur, avaient besoin de bras
pour être fécondées, et que des guerres si
long-temps prolongées pour le malheur des
peuples, n'avaient à la vérité rien fait perdre
à l'armée de son honneur ni de sa réputation, mais qu'elles avaient ruiné et dé-
vasté l'Europe désolée, qui, sans l'intervention puissante de la Providence, verrait
bientôt cesser, faute de combattants, ses
querelles sanglantes et interminables.

Ils ont cru, ces vieux guerriers, que la
chute de leur chef allait ternir l'éclat de
leurs armes, et que la honte de ses folles et
présomptueuses combinaisons allait rejaillir
sur eux ; et ils avaient peine à s'accoutumer
à une idée si cruelle pour leur amour propre
offensé.

Rassurez-vous, braves militaires : vous

n'avez démérité ni de votre patrie, ni de vos parents, ni des étrangers même, qui rendent justice chaque jour à votre bouillante ardeur et à votre intrépidité. Gravez à jamais dans vos cœurs ces paroles mémorables que Louis XVIII, votre roi, et S. A. R. Monsieur adressaient à vos chefs et à la portion de l'armée qui se trouvait présente : « Ce que les » guerriers français ont fait pour la gloire » et l'honneur de l'état, nous le réclamons » comme la plus belle portion de l'héritage » dans lequel nous rentrons. » Calmez donc les transports de cette effervescence, généreux guerriers, trop long-temps séduits par le prestige d'une fausse grandeur : votre chef, que vous regrettez encore, a mérité son sort ; il a creusé lui-même l'abîme qui s'est ouvert sous ses pas, et dans lequel il n'aurait pas manqué de vous entraîner avec lui, si d'heureuses circonstances ne vous avaient contraints, pour la tranquillité de l'Europe, à vous séparer d'un homme qui était devenu l'ennemi de l'humanité, et qui ne vous regardait que comme de vils instruments de ses projets ambitieux, qu'il ne se faisait pas le moindre scrupule de briser indignement, quand il le croyait utile à la réussite de ses desseins pernicieux. Ne le regardez donc plus comme un *héros*, mais comme un guerrier long-temps heureux, qui a lui-même chassé la fortune dont il avait été si constamment favorisé, grâce à votre inviolable fidélité.

Et vous, jeunes officiers, l'espoir brillant de l'état qui se régénère, calmez vos regrets et ouvrez les yeux. Vous pleurez *Buona-parte*, parce que vous vous êtes imaginé faussement qu'il était le seul guide qui pût vous conduire à la gloire ; mais avez-vous donc perdu de vue les braves maréchaux qui, au champ de bataille, ne vous le cédaient ni en valeur, ni en impétuosité, et dont les panaches flottants se faisaient toujours admirer dans le plus fort de la mêlée ? N'avez-vous plus au milieu de vous les *Oudi-not*, les *Dillon*, les *Friant*, les *Brunet*, les *Songis*, les *Sorbier*, les *Maupoint*, les *Du-pont*, les *Mortier*, les *Beurnonville*, les *Tallouet*, les *Colaud*, les *Dessoles*, les *Bougainville* (1), et tant d'autres dont

______

(1) Ne pouvant nommer toute l'armée, je me suis contenté d'indiquer indistinctement MM. les généraux, colonels ou autres officiers-généraux dont les noms me sont parvenus escortés de l'estime et de l'admiration publique, ou que j'ai été à portée de connaître et d'apprécier plus particulièrement, pour m'être trouvé avec eux.

l'énumération deviendrait trop longue , qui vous ont mille et mille fois conduits à la gloire sans *Buonaparte*, et qui souvent ont montré et plus d'intrépidité et plus de sagesse que lui ? Avez-vous oublié ce valeureux *Eugène*, ce jeune prince qui , après s'être couvert de gloire depuis quinze ans, et avoir montré, dès sa plus tendre jeunesse, les talents militaires qui caractérisent le héros consommé, vient encore de s'immortaliser par l'inaltérable attachement qu'il a montré, jusqu'au dernier moment, à celui qui l'avait élevé, quoiqu'il fût séparé de lui par une barrière insurmontable, et que la fortune eût cessé de sourire à son protecteur ? Ah ! je suis loin d'accuser ces larmes généreuses, qui me sont un sûr garant de votre valeur, de votre caractère généreux et grand, et du zèle infatigable avec lequel vous allez servir la dynastie antique et sacrée que la Providence nous a rendue.

Vous voyiez dans ces guerres perpétuelles et désastreuses un moyen sûr et rapide d'un avancement qui faisait l'objet de votre ambition et de vos vœux ; mais vous ne pouviez le devoir qu'à la mort de vos frères , de vos meilleurs amis, de vos pères souvent, et aux malheurs trop long-temps prolongés de l'Europe en deuil, qui ne vous voyait qu'avec effroi moissonner des lauriers en-sanglantés ; de la patrie en larmes, dont vous déchiriez le sein pour y trouver le seul aliment qui pût convenir à votre ardeur martiale, je veux dire les fumées de la gloire trop chèrement payée par les pleurs amers de vos tendres paren's, de vos amantes dé-laissées, de vos sœurs désolées, qui vous voyaient partir en chantant pour aller cher-cher la gloire et lamort, et ne jamais remettre le pied sur le sol qui vous avait vus naître.

Ah! brave jeunesse, brillante élite, mais faible reste de la population du plus bel empire du monde ! vous aurez encore les moyens d'acquérir la vraie, la solide gloi-re, celle qui coûte peu de sang et peu de larmes aux nations. Le rétablissement de la discipline, l'instruction des armées que l'on conservera sur pied, la vôtre même ; (car aviez-vous le temps de devenir ce que vous deviez être, quand une guerre meurtrière et sans fin vous enlevait à la fleur de votre âge, et au moment où vous commenciez à peine à sortir de l'aile maternelle ?) la for-tification des places ; la défense de votre pa-trie et de votre Roi contre les guerres in-justes qui pourraient s'allumer dans la suite ;

la protection des alliés : voilà les vraies sources de l'honneur, voilà les véritables moyens d'acquérir cette gloire à laquelle vous tendez tous, et dont vous êtes si impatients de vous couvrir. Non, ne le croyez plus, jeunes et estimables guerriers, *Buonaparte* ne fut pas un *héros* : ce fut un illustre et heureux aventurier, qui eût pu s'immortaliser, et peut-être se conserver long-temps encore une couronne, dont il s'est rendu indigne, et qu'il avait usurpée, s'il eût su joindre la prudence à l'audace, la justice à la force, la prévoyance au bonheur, et enfin la reconnaissance envers les compagnons, ou, disons mieux, les artisans de ses exploits, à l'art dangereux et perfide qu'il possédait si bien de les ensorceler et de les faire servir à l'accomplissement de ses projets ambitieux. Croyez que la bravoure française n'a rien perdu dans l'opinion des peuples ; croyez que la France attend de vous des services signalés, et qu'elle met toute sa confiance en vous pour la garantir à l'avenir des insultes et de l'envahissement qu'oserait tenter l'ambition de quelques nouveaux potentats, qui oublieraient la noble et généreuse fédération des princes armés pour la liberté du monde et la paix universelle.

Vous tous enfin, illustres guerriers, dont plusieurs méritent, plus que *Buonaparte*, le nom de *héros*, qu'a-t-il manqué à la plupart d'entre vous pour jouir de cette renommée qu'il doit à votre dévouement, à l'intrépidité française, à la fidélité des troupes et de ses lieutenants, plus qu'à quelques talents qu'on ne peut néanmoins pas lui refuser? Il vous a manqué d'être portés par le hasard en première ligne, comme il l'a été le 18 brumaire, et, avant cette époque, le 13 vendémiaire, par sa liaison avec *Barras* qui l'éleva au grade de général en chef et le mit par là au grand jour, et à portée de tirer parti de votre ardeur belliqueuse et de votre bravoure éprouvée dans tant d'affaires glorieuses. Sans doute, si la fortune vous eût mis à sa place, vous auriez usé de la victoire avec plus de justice et de modération, et nous n'aurions pas été plongés dans cet abîme de maux dont le retour des *Bourbons* pouvait seul nous tirer.

Qu'est-ce qu'un *héros*, d'ailleurs? ce n'est pas celui qui ne sait que verser le sang de ses semblables, et suivre aveuglément les transports d'une ambition démesurée et de la soif de la vengeance; c'est celui qui, avare du sang des peuples, économe du fruit

de leurs travaux, sait défendre la majesté
du trône et de l'empire, et faire respecter
l'intégrité de son territoire, sans vouloir,
comme un insensé, porter le fer et la
flamme chez des peuples amis, ou séparés
par la nature, et qui sait ménager ses braves
soldats pour les trouver au besoin, s'il faut
un jour repousser les attaques furieuses d'un
injuste oppresseur; c'est celui qui, bien persuadé que la gloire militaire n'est pas exclu-
sive des autres moyens que la civilisation
offre aux peuples pour acquérir de la célé-
brité, n'épuise pas les sources de la vie dans
un âge à peine formé ; et, laissant à la jeunesse le temps d'acquérir les forces physiques nécessaires pour supporter les fatigues
de la guerre, et à ceux qui ne se destinent
pas à la noble profession des armes, la liberté
de suivre tranquillement et sans inquiétude
la carrière où les porte leur inclination, leur
laisse le temps et les moyens de s'y perfection-
ner de manière à espérer qu'un jour le peuple, gouverné par un monarque aussi sage
que Louis XVIII, trouvera, dans ses guerriers, des défenseurs puissants et invin-
cibles; et dans les autres classes de la so-
ciété, la gloire, l'ornement et la richesse du
royaume : voilà mon *héros*, et dans ce por-

trait je ne reconnais pas encore *Buonaparte*.

Un *héros* peut avoir des revers, peut même commettre des fautes ; mais il cherche à compenser les uns, et à faire oublier les autres, en les avouant noblement et ingénument. Ce n'est pas encore ce que faisait *Buonaparte* ; il ne voulait convenir de rien. Les revers il les cachait, et cherchait à les couvrir par des boucheries sanglantes qui étaient presque toujours suivies de désastres encore plus grands. Les défaites, les fautes, il ne les avouait pas, et les attribuait aux plus braves de son armée. Valeureux et intrépide *Dupont*, quelle fut la cause de vos revers en Portugal ? N'est-ce pas à l'impéritie de *Buonaparte*, à l'infériorité trop prononcée de vos troupes, que vous dûtes l'échec terrible qui a commencé à faire pâlir l'étoile de votre injuste accusateur, mais qui, loin de rien diminuer de votre gloire, n'a servi qu'à vous rendre plus intéressant par l'acharnement qu'a mis à vous persécuter celui qui fut le premier auteur de la perte de votre armée ?

Et vous, savant amiral, intrépide *Villeneuve*, n'auriez-vous pas été la victime de la fureur vindicative de ce tyran insensible, si les mers ne vous eussent séparé de lui ?

Est-ce ainsi qu'en agit un *héros*? Braves militaires, je vous prends vous-mêmes à témoins : n'y a-t-il pas bien plus de grandeur d'ame à avouer ses torts, qu'à les rejeter sur d'autres ; à réparer ses pertes, qu'à vouloir les faire oublier par des expéditions meurtrières et insensées?

Intrépides guerriers, qui êtes encore aveuglés sur la conduite de *Buonaparte*, je conviendrai avec vous des qualités que je lui ai déjà reconnues : j'avouerai qu'il a embelli Paris par quelques édifices publics, quelques places, quelques ponts, quelques aqueducs, quelques canaux utiles ; mais peut-on révoquer en doute que la dernière campagne ait seule fait plus de mal que tous ces établissements n'ont fait de bien? et en cela, je ne parle pas des pertes d'hommes et de chevaux, mais seulement des ponts rompus, et des édifices ou magasins incendiés ou détruits. Mais vous-mêmes, compagnons, ou plutôt artisans de sa gloire militaire, comment vous a-t-il traités pendant les dix ou douze années de son despotisme impérieux? Il vous flattait la veille ou le jour d'une bataille ; il électrisait vos ames par le souvenir de vos exploits ; par le rappel d'une affaire importante et glorieuse, il allumait votre courage et votre ardeur contre des peuples à qui il n'avait d'autre crime à reprocher que la résistance à l'oppression et les efforts réitérés qu'ils faisaient pour secouer un joug tyrannique et insupportable.

Mais dès que la victoire, ou la terreur et la fuite de l'ennemi l'avaient tiré de l'anxiété où l'avaient plongé lui-même ses réflexions sur l'inconstance de la fortune, vous n'aviez plus alors à attendre de lui que des duretés, des injustices, des caprices ; rien d'aimable, rien d'agréable : et là-dessus je ne dis rien de moi, ce sont vos aveux que je publie. Je dirai plus : ce sont là surtout les motifs qui aigrissaient contre lui ses lieutenants les plus fidèles, les plus braves, les plus dévoués, ceux qui avaient soutenu de leurs bras, et cimenté de leur sang, ce bandeau royal dont il avait osé ceindre sa tête. Est ce là ce qu'on doit attendre d'un *héros* ?

Un *héros* guerrier est celui qui, ne perdant jamais de vue le salut de son armée, cherche moins à égorger son ennemi, qu'à ménager ses soldats ; comme le meilleur maître d'escrime n'est pas celui qui enseigne l'art de tuer sûrement son adversaire, mais qui nous donne les moyens de parer adroitement tous les coups qui nous sont portés, avant de songer à nous faire un passage jusqu'au sein de notre ennemi. *Buonaparte* peut-il se glorifier d'avoir mis cet art en pratique? Non, certes: l'expérience funeste des revers qui nous ont accablés est une preuve frappante, ou qu'il ignorait ce grand et rare talent, ou qu'il a négligé d'en faire usage. Il n'est donc pas un *héros ;* et c'est à vous, braves guerriers, que nous devons le maintien de l'honneur français et de l'indépendance de notre patrie, qu'à force de victoires, de conquêtes, de projets d'envahissement, il avait exposée à être démembrée et anéantie.

Ce qui constitue un grand capitaine, c'est le grand art de veiller sur les derrières de son armée, de prévoir les invasions sur tous les points, d'être toujours en mesure pour les approvisionnements des places en tout genre, de s'assurer en tout temps de la fidélité des alliés, et de les ménager par sa douceur et sa modération, et enfin de ne jamais faire aucun mouvement, sans avoir préalablement songé à préparer ses moyens de retraite et pourvu à la subsistance et au salut de ses armées. *Buonaparte* a-t-il fait preuve de ces talents inestimables, qui caractérisent le grand capitaine beaucoup plus que le succès d'une bataille gagnée, d'une position forcée, d'une ville prise, d'une province occupée, d'un empire subjugué ? La guerre meurtrière et destructive de l'Espagne et du Portugal, la campagne désastreuse de Moskow, celle de Dresde, et la retraite précipitée et en désordre de Leipsick, décident encore la question contre lui ; et j'en conclus encore que *Buonaparte* a commandé long-temps à une légion de *héros*, mais qu'il ne fut point lui-même un *héros*.

Un grand capitaine, un *héros* consommé dans l'art militaire, ne borne point ses connaissances à la science des campements, des marches, des contre-marches, à l'avantage du terrain et de la position, ni même à l'art de ranger une armée en bataille, et de disposer habilement les différentes armes, de manière à ce qu'elles se protégent mutuellement ; il faut encore qu'il sache non-seulement connaître à fond les positions physiques et géométriques ; il faut que, versé d'ailleurs dans la connaissance topographique du théâtre de la guerre, il prévoie de loin les influences de l'air et des différents climats, et qu'il garantisse, par sa sagesse et ses dispositions, toute l'armée qui lui est confiée, des désastres et des ravages que peuvent occasionner les inondations, les débordements, la rigueur du froid, l'ardeur de la canicule, la peste, la famine et tous les fléaux que la prudence humaine peut prévoir.

Buonaparte n'a jamais eu cette prévoyance paternelle qui protége et conserve les armées ; il les a exposées, par son ignorance et son impéritie en pareille matière, à tous les fléaux qui ont moissonné, en quelques mois, les plus belles, les plus braves, les plus brillantes armées qui jamais aient été à la disposition d'un conquérant. *Buonaparte* n'a donc pas été un *héros*, ni digne de commander à des *héros*, qui, se reposant sur sa prévoyance d'assurer leur subsistance et leur salut, bornaient leur devoir à combattre et à mourir pour la gloire et pour la défense et l'honneur de leur patrie qu'une aveugle rage allait livrer à l'invasion des peuples du Nord, qui heureusement étaient commandés par des princes modérés, généreux, magnanimes, qui, rendant justice à la bravoure et à l'intrépidité française, se sont conduits en alliés plutôt qu'en ennemis, en libérateurs plutôt qu'en vainqueurs, et qui n'ont vu dans les guerriers français que des frères dignes de leur estime, de leur confiance, de leur amitié. Si c'est encore *Buonaparte* qui, par son imprévoyance et le mauvais usage qu'il a fait des immenses ressources que la France mettait journellement à sa disposition, a forcé nos généreux alliés de venir nous aider à faire une révolution que tout le monde attendait, que tout le monde désirait, qui était devenue indispensable, mais qu'il eût été plus sage, plus avantageux, plus glorieux de faire par nos mains, sans l'intervention des puissances étrangères ; il n'est donc point un *héros*, et il a démérité au contraire de la confiance des braves militaires qui ont plus de droits que lui à ce titre glorieux.

Un *héros* doit encore savoir discerner le mérite militaire et personnel, et en tirer un parti avantageux ; et à cet égard, on ne peut refuser à *Buonaparte* le talent d'avoir su apprécier les qualités militaires; mais un *héros* n'est point jaloux, point envieux ; un *héros* ne se laisse point offusquer par la gloire de ses généreux rivaux, il les encourage, les protége, les prône lui-même et les récompense généreusement, d'autant plus qu'il ne peut douter que l'éclat des subalternes ne rejaillisse sur le chef, et n'ajoute un nouveau lustre à sa réputation personnelle. Je voudrais encore pouvoir laver *Buonaparte* de cette tache honteuse et ineffaçable ; mais je serais démenti par mille voix qui s'élèveraient contre moi, je serais démenti par le burin impartial de l'histoire; et l'ombre du grand *Pichegru* me crierait du fond de son tombeau : « Et à qui dois-je donc » attribuer la cause de mes malheurs ? N'est-» ce pas l'envie de *Buonaparte* qui , jointe » à son ambition démesurée, m'a impliqué » dans une prétendue conjuration, et préci-» pité dans un affreux cachot où les barbares » satellites de ses vengeances m'ont arraché » la vie, dans la crainte que je ne parvinsse à » intéresser en ma faveur mes anciens et » braves frères d'armes, par le récit des » cruautés inouies exercées contre leur gé-» néral et le compagnon de leurs périls et de » leurs victoires ? »

Et *Moreau*, *Moreau*, l'honneur de l'ar-mée! *Moreau*, qui fut véritablement un *heros*! *Moreau*, qui a ménagé autant de sang que *Buonaparte* en a fait verser! *Moreau*, dont les retraites sont plus savantes que toute la tactique de *Buonaparte*, et à qui l'armée a si souvent dû son salut et sa gloire, sans ja-mais avoir été exposée par lui à aucune en-treprise téméraire et hasardeuse, n'est-il pas encore un témoin irrécusable de l'envie basse et féroce de ce *Buonaparte* qui, n'ayant pas

osé consommer la ruine de son généreux rival,
l'a forcé d'aller ennoblir pendant le reste de
sa vie les retraites hospitalières qu'il s'était
choisies, à la honte et au détriment de la France, sa patrie, à laquelle il a tout sacrifié, jusqu'à son dernier soupir ? Vous le savez, brave
et généreux *Dessoles*, si *Moreau* a mérité son
sort : vous, que ce grand homme avait jugé
digne de diriger sous lui les grandes opéra-
tions des guerres d'Allemagne ! vous, dont il
estimait les talents et le courage ! vous, qui
avez été enveloppé dans sa disgrâce ! vous le
savez, que l'envie la plus basse a été le seul
mobile de la haine que lui portait *Buonaparte*, et de l'injuste condamnation qu'il a
fait prononcer contre lui.

Et vous, prince vertueux et magnanime,
brave et illustre d'*Enghien*, dont la gloire militaire a, pour ainsi dire, égalé celle de vos
illustres ancêtres ; vous qui avez honoré le
nom de *Condé* (si pourtant on pouvait rien
ajouter à l'éclat qui l'environne depuis plusieurs siècles) ; vous, l'espoir d'une famille
illustre et investie de l'estime et de la véné-
ration des Français ; vous qui, formé à l'école
des vrais héros, et qui, sous votre noble père
et votre magnanime aïeul, avez montré dès
vos premières armes, je ne dis pas ce que

vous deviez être un jour, mais les talents d'un capitaine expérimenté joints au bouillant courage et à l'ardeur infatigable d'un *héros*, pourquoi avez-vous été moissonné dans la fleur de l'âge? pourquoi avons-nous été privés si cruellement de l'espoir flatteur de vous revoir? pourquoi n'avez-vous pas embelli le retour de nos princes? pourquoi d'*Angoulême* et *Berry*, ces vrais chevaliers français, après avoir combattu à vos côtés pour la cause des rois, n'ont-ils pas la consolation de vous voir encore, lorsqu'elle triomphe, partager avec eux les bénédictions du peuple et les acclamations de l'armée? Pourquoi le grand *Condé* et l'illustre *Bourbon* ne montrent-ils, au milieu des transports de l'alégresse publique, qu'un front triste et sillonné par le chagrin? Ah! leur nom, qui devait revivre si glorieusement en vous, va s'éteindre pour jamais; ils ont perdu l'espérance de voir fermer leurs yeux par l'héritier de leur gloire et de leurs vertus: et par qui?

Français, vous frémissez; guerriers, votre indignation est à son comble: ce jeune prince que vous avez admiré, chéri même, quand vous le croyiez votre ennemi; ce jeune prince qui vous combattait à regret, et qui n'en voulait qu'aux factieux et aux agitateurs de la France; ce jeune prince a été assassiné lâchement par *Buonaparte* et ses complices: il n'a point été pris les armes à la main, il est tombé au pouvoir de son cruel persécuteur par une infame trahison. De lâches et féroces sicaires ont osé, en pleine paix, violer la foi des traités et de la neutralité, et prendre, dans son lit, un héros dont l'épée les eût fait trembler; ils l'ont chargé de fers; et le descendant de S. Louis est tombé victime d'une affreuse injustice sous les coups des vils ministres de son infame rival, dans les fossés du donjon de Vincennes, du château où le grand S. Louis, l'illustre chef de son auguste famille, rendait la justice avec tant de bonté à ses heureux et fidèles sujets!

Est-ce là le trait d'un *héros?* Est-ce là donc la vengeance permise entre gens d'honneur? Si *Buonaparte* croyait avoir à se venger du petit-fils du grand *Condé*, que n'acceptait-il le défi qui lui était présenté? S'il eût été vainqueur, on aurait encore pleuré l'aimable *d'Enghien;* mais on n'aurait pu, sans quelque injustice, accuser son rival. S'il eût succombé, au contraire, si le ciel, protecteur de l'innocence et vengeur des rois, eût permis que l'épée du jeune

prince se plongeât dans le cœur de l'usurpateur, du moins sa mort n'eût eu rien
d'ignoble ; la main qui l'aurait frappé aurait
ennobli ses derniers moments ; et cette victoire, sans rien ajouter aux lauriers du jeune
duc, aurait du moins fait oublier l'injustice
du vaincu, et peut-être alors les larmes de
ses partisans eussent-elles paru moins injustes. Il serait mort du moins comme un *héros*
doit mourir, sans avoir souillé sa vie par des
taches ineffaçables et des crimes que les
contemporains ne peuvent excuser, et que
la postérité ne lui pardonnera jamais. Couvert d'une telle infamie, on ne peut être un
héros, et personne ne peut révoquer en
doute l'assassinat de ce jeune prince, dont
le sang fume encore : *Buonaparte*, qui en
est encore tout couvert, est donc indigne du
nom de *héros*.

Un *héros* ne s'attaque qu'aux forts, qu'à
ceux qui, les armes à la main, peuvent lui
disputer la victoire et défendre leurs droits ;
mais il ne persécute pas les femmes, les enfants, les vieillards, les ministres de la religion. Et, sans parler des autres objets de sa
persécution, comment a-t-il traité le chef
auguste de cette sainte religion, qu'il fei-
gnait de relever de ses cendres, de protéger

même de tout son pouvoir ? Il n'a pas rougi de déposséder un vieillard faible, et n'ayant d'autres armes que son innocence et une douceur angélique, à l'épreuve des plus mauvais traitements; il l'a jeté dans les fers, il l'a séparé de ses amis, de ses cardinaux; il l'a bassement injurié, maltraité, conduit comme un criminel de ville en ville: et voilà l'homme dont on veut faire un *héros!*

Ah, braves guerriers! rentrez un peu en vous-mêmes, interrogez la voix de l'honneur, à laquelle vous n'avez jamais été sourds; consultez votre caractère généreux: il vous dira qu'un guerrier, qu'un *héros*, doit protéger et défendre la vieillesse, au lieu de l'opprimer; il vous dira qu'un *héros* n'est redoutable qu'à ses ennemis et aux gens armés qui ont entre leurs mains de quoi repousser la force par la force, et qu'il doit au contraire protection et sûreté au faible et à la vieillesse désarmée; il vous dira qu'en maltraitant un vieillard vénérable et que son caractère sacré aurait dû seul mettre à l'abri de ses atteintes, *Buonaparte* s'est dégradé lui-même, et rendu indigne du nom de *héros* qu'on ne prodigue pas si aisément.

Mais pour achever enfin de vous prouver,

par le raisonnement peut-être le plus puissant sur le cœur d'un guerrier, que ce n'est point par une haine aveugle et un acharnement ridicule, que je lui dispute le titre de *héros*, je m'insinue au fond de vos cœurs, je lis dans vos plus secrètes pensées, je consulte vos affections particulières, j'interroge la délicatesse de vos sentiments ; et voici la réponse décisive que votre ame généreuse a fait entendre : « Un *héros* meurt en *héros*, » et ne cède pas à la crainte et à l'amour de » la vie une couronne usurpée, et conservée » près de douze ans par la mort de plusieurs » millions d'hommes, et une réputation mi- » litaire achetée par des flots de sang ver- » sés pour lui. Un *héros* meurt comme il a » vécu ; s'il a conquis, par l'injustice et la » violence, une couronne à laquelle il n'a- » vait aucun droit, il la défend du moins » jusqu'à la mort, et meurt le sceptre à la » main et la couronne sur la tête. Un *héros* » n'abdique pas un diadème auquel il a sa- » crifié son honneur, son repos, le bonheur » et le sang de ses sujets ; et *Buonaparte*, » pour soutenir au moins le prestige de cette » réputation brillante, en partie usurpée » comme le trône qu'il occupait, eût dû être » conséquent dans sa conduite, et mourir

» à *Fontainebleau* les armes à la main : du
» moins il fût mort *empereur*, et ses parti-
» sans eussent eu quelque sujet d'admirer
» son courage et sa fermeté, et de donner
» des larmes à sa mort. »

Et qu'on ne me dise pas que la religion,
ou le désir de voir la France heureuse l'a retenu : quel est l'homme assez insensé pour
être la dupe d'une pareille excuse ? La religion, il est vrai, défend à tout Chrétien de
se donner la mort ; mais *Buonaparte* ne la
connaissait pas, cette sainte religion ! A-t-on
fait un crime à *Caton* de s'être dérobé par la
mort à la honte de survivre à l'asservissement
de sa patrie ? *Mais il n'a pas voulu, dit-on,
être plus long-temps un obstacle à la tranquillité de la France !* Ah ! la défaite est trop
puérile, et n'en imposera qu'à des sots. Ce
n'est pas à vous, généreux guerriers, qu'on
osera alléguer un pareil motif. L'homme
qui, quelques jours auparavant, voulait
mettre le feu à Paris, et ne faire, pour assouvir sa vengeance et ses fureurs, de la France
entière qu'un vaste bûcher ; l'homme qui, si
long-temps, avait fait égorger, comme de vils
troupeaux, les malheureux Français qu'il
aurait dû protéger, n'a pu être retenu par
une considération aussi noble. Il a redouté

la mort ; il n'a pas voulu quitter une vie souillée de tant de crimes, mais dont il se propose de passer le reste dans la mollesse, dans la débauche et les plus sales voluptés ; et après s'être bien convaincu que le sang des Français ne pouvait plus lui conserver la couronne, il a voulu du moins assurer son existence, et ne s'est pas senti le courage de réhabiliter, par une mort glorieuse, la perte de sa réputation militaire, si cruellement ternie en Espagne, à Moskow, à Dresde, à Leipsick, et dans les plaines de cette belle France, où il a attiré tous les peuples du Nord par son imprévoyance et son aveugle témérité.

Il a voulu vivre enfin ; et cette vie, si lâchement conservée, si chèrement achetée, au prix des lauriers sanglants dont il faisait tant de cas, est la meilleure preuve que jamais il n'a été un *héros*, qu'il n'est point un *héros* ; mais qu'il s'est trouvé porté, par des événements extraordinaires, à commander à des légions de *héros*, qui n'ont jamais démenti ce titre honorable, et qui prouveront à leurs princes qu'ils sont dignes de servir une ancienne et illustre famille, si fertile en véritables *héros*. Honneur aux Militaires !

A. L. LANGE.